Le testament

ADSO

Le Testament

© 2015 ADSO

Edition : Bod- *Books on demand*
12/14 rond-point des Champs Elysées
75008 Paris
Imprimé par – Books on Demand, Nordestedt
ISBN : 9782322044191
Dépôt légal : décembre 2015

La pluie si longue

Coule sur mon visage,
      Comme dans un voyage
      Où le bateau coulerait
Sur l'écume, restent la joie et la gaieté.

La mer aujourd'hui,
C'est la pluie,
Et mon visage a franchi…,
De nouvelles portes :
Non, je ne serai pas morte !

Malgré le silence infini,
Je parle avec ma petite voix,
Malgré la solitude infinie,
J'ai la douleur qui s'assoit

A ma table,
Autour des parfums, des érables
Un café
Sucré

Mais une journée
Non partagée…

Oui,

J'aimerai tellement : oui
Lui parler
Le toucher.

Mais il est devenu
Si exigeant,
Pour oublier qu'il est nu :
Si exigeant :

Que je dois gravir l'escalier
De la perfection et de la beauté.
Je hais cet escalier.

Je suis juste moi,
Personne à côté
Même s'il me dit :
Je suis là.
Mais pas dans la vraie vie.

Il est dans sa bulle
Et il faut bien des clefs de fées
Pour pénétrer ses préambules
Et se laisser entrer…

La pluie si longue et la peur,
Pleure à côté de moi.

Je sais qu'elle partira
Tournoyant vers le bonheur.

Décalage horaire.

Quand la pluie se fait vie

Je cherche une main plus douce
    Qu'au petit matin, la mousse.

Je repousse,
Comme une fleur rousse.

Mais je suis bien d'âme et d'esprit
Et le temps qui se fortifie
Tel un bâton de guerrier,
M'emmène bien sur ton sentier

Celui qui ranime les toutes toutes
Premières pensées,
Alors il faut prendre la route
Elle ressemble à de la terre, les marées.

Quand la route chemine vers la mariée :
Et pose sur sa main, la fleur rousse.
Et de couleurs en ombragées,
La danse tourne et douce ;

Puis tout à coup, c'est la pluie
Ainsi dans le calme s'installe la vie.
Car l'eau c'est la vie,
Comme le disait, Derlin.

Mais qui est la mariée ? Mais Qui est Derlin ?
Des amis qui jouent avec la poussière ?
Des amants qui raniment la lumière ?
Deux enfants qui jouent avec le matin ?

Ou peut-être les poussières d'une éternité
Envolées au-delà de la marée…
Pour que la mariée
Et le chevalier

Ensemble, baignent dans les eaux rousses
Là où le ressac ranime l'amour
Dans de petites secousses
Où voguent les nefs pour toujours.

La nef de la mariée et de Derlin
N'a ni origine, ni destin
Elle est là.
Glissant sur le temps,
Et nul besoin de vent !

C'est un mariage secret,
C'est un secret bleuté.
C'est une nuit fleurie,
C'est un matin de midi.

Là où le soleil rougit,
Là où le feu chante
Et se renflamme la vie,
Là où les génies hantent
Et ramènent la douceur des esprits.

Car parfois, certaines terreurs
Envahissent le repos et volent les fleurs.
Alors j'attends sur la plage
Que la nef sorte des nuages.

Pour pouvoir
Encore te voir.

Chez Natacha à Palma

Le matin, le soleil se lève
    Et le petit ange rêve.
    Faite de chants et de roses
C'est une petite reine qui ose,
Affronter le feu et l'eau.
Elle dit toujours oui
Et son sourire est si beau
Que le monde dans ses bras grandit.

Elle porte en elle, la vie
Et chante jusqu'à midi.
Alors le jour paraît ;
Ainsi, toujours elle renaît,
Chemin faisant
Elle n'est plus une enfant.

Elle est grande et belle
Et les yeux levés vers le ciel.

Elle danse avec les anges,
Elle danse et offre ses songes,
Sauvage et raffinée
Elle respecte toutes vérités
Sa tolérance n'a d'égal
Que la protection du mal.

Elle est joyeuse comme une pépite
Elle roule, elle chante, elle crépite
Comme un feu de joie!
Elle y croit :
Au bonheur
Elle le donne, et sait le recevoir.

Bucéphale

Quand le ciel paraît clair,
    Dans les nuages éphémères,
    Je vois et j'entends les anges, les hommes.
La nuit paraît tout à coup en somme.

Car Bucéphale, le fougueux
Surgit du néant malheureux.
Il lui faudra le jour
Pour retrouver le goût de l'amour.

Et la peur pourra s'enfuir
Comme sur le bateau de l'avenir.

Quand le ciel paraît clair
Dans les jours éphémères,
Paraît le cheval si blanc,
Qu'il devient l'ami des géants.

Soleil levant (de mon père)

La nuit ramène chaos et ténèbres.
    Mais de l'obscurité
    Le Verbe qui veille répète toujours ;
Que la lumière soit !
Et la lumière fraie son chemin à travers la nuit.
Rien n'emprisonne l'âme dans le mystère
Comme cette prière de la lumière qui revient.
Le ciel se tient comme un visage vivant.
Les couleurs se distillent à travers la brume matinale,
Jusqu'au moment où la splendeur de la lumière,
les réunissant dans l'éclat univoque de l'or
Monte sur la voûte comme une couronne de la création.

La haine

On ne la désire pas
    Pourtant elle est là.

On ne la voit pas
Pourtant elle est là.

On la sent dans son coeur
Dans son ventre,
Elle est la peur,
Elle est l'antre

Du desespoir,
Mais toi, là-bas assis dans le noir
Lève les yeux vers le ciel,
Et tu verras quelques étincelles.

Alors tu chercheras,
Et tu comprendras
Qu'elle se décline la haine :
Elle devient peine,
Elle devient sereine.

Parce que tu as vu la lumière
Dans le ciel clair, alors.

La haine devient Force,
Et tu t'efforces
De comprendre cette lumière
Abstraite, éphémère.

Pour rester un Homme.

La pierre

J'ai cherché la pierre sous l'eau,
    J'ai erré parmi les flots.
    J'ai vu des plantes
De feu, dansantes ;
J'ai vu des arbres, oui
Des arbres aux couleurs infinies.

C'était un voyage,
Le seul, le vrai
L'unique paysage
Qui ne soit réalité.

Alors, j'ai cherché la pierre sous l'eau,
J'ai dansé parmi les flots.
Et tout à coup, j'ai vu ton visage
Etait-ce le but du voyage ?

Un visage fait d'arbres et de plantes,
Un visage qui dans ma mémoire chante.

Mais si ma mémoire
Raconte cette histoire.
C'est parce que je n'ai jamais trouvé cette pierre,
Je l'ai cherchée parce qu'elle rassemble toutes les prières.
Les livres me l'avaient dit :

Si tu cherches la pierre,
Tu ne commettras plus l'interdit,
Et tu trouveras le visage qui t'inspire vers
… Ta prière.

Près de sa montagne

Elle regarde les flots de pierre,
    Les yeux trempés de lumière.
    Il pleut,
Puis il fait beau.
Elle peut monter tout là haut.

C'est elle qui a choisi de gravir la montagne
Mais pourquoi *cette* montagne ?
Parce qu'à ses pieds roule la mer,
Et de l'autre versant couche la terre.

Alors, elle part de bon matin,
Le soleil vient juste de faire satin.
L'air est frais,
La Vie caresse ses pieds.

Elle peut monter
Et fleurs et marées.
Elle aime ces rochers,
Elle aime ces cailloux bleutés.

Elle découvre la Joie.

Le vent sur la mer

Il faisait beau
    Il faisait chaud.
    Le monde était heureux,
Je vivais un rêve délicieux.

Puis, vers dix sept heures,
Le vent a commencé à soufflé.
Normal, pour cette heure :
Alors tout a commencé à s'agiter,
Le vent, les arbres, les fleurs.
Pourtant c'était encore le bonheur...
... Nulle connaissance du malheur.

Ce n'était que le vent,
Mais le vent sur la mer.
Il était grand temps,
De chevaucher la crinière.

De cette écume blanche et bleue
L'eau : à la fois ciel et sel.
J'ai joué, nous étions deux.
La mer était si belle.
Et le vent si doux,
La vie disait nous.

Plus de solitude,
Plus d'inquiétude.

Il y avait le vent sur la mer,
Il y avait ma maison à terre.

Et dans mes pensées : toi,
A la fois chaud et froid.
Tout s'envolait
Dans les nuées ;
Seul restait le vent sur la mer,
Et toujours ces chevaux plein d'éclairs.

Pourquoi partir ?

J'ai ouvert la porte,
    Et j'ai cru défaillir :
    Tu étais là, j'étais morte.

Alors tu t'es penché pour m'embrasser,
Et j'ai senti la lumière m'embraser.
D'un baiser à l'autre, toi
Il y avait la vie en moi.

Et je te l'ai donnée
Tu l'as enveloppée
D'une nuée d'amour,
J'ai ouvert le jour.

Tes yeux avaient la force de tes bras,
Les yeux fermés, c'était déjà toi.

J'étais heureuse,
Et l'étoile berceuse.

Puis tu es entré
Et ma maison s'est illuminée.
Le temps
Devenait nuée,
Le jour

Devenait amour.
Mais le temps…

T'a laissé partir,
Les fenêtres ont explosées.
La violence et l'ire,
Ont surgit dans cette année ;

Cette seconde, ce jour.
Pourquoi partir ?
Mon amour,
Il faudra bien revenir.
Non ?
Pourquoi non ?

Mon père

Il était un colosse et un génie
    Il a vécu toute une vie,
    Dans l'effort et la joie ;
C'était mon père à moi.

Soleil et lumière
Il aimait toute la terre.
Il parlait avec les oiseaux,
Il chantait et il faisait beau.

Chaque jour, il inventait un langage,
Chaque jour, il savait les présages.

Il était proche de l'infini
Il faisait un avec la vie ;

C'était mon père,
Il maîtrisait la mer.
Il maîtrisait le feu,
Tout n'était que jeu.

Point de fureur, ni de bruit
Il inventait toute ma vie.
Alors, elle était rires,
Alors, elle était sourires.

Et si aujourd'hui
Il est parti
Qu'il est loin d'ici

Je sais que son coeur,
A la pulsation de mes heures.
Me protège,
Dans mes rêves.

Et la souffrance de ne plus voir son sourire,
Ses yeux briller dans un soupir,
Me porte vers une nostalgie
Tellement infinie,
Que chacune de mes larmes
Sont pour lui.
Et je romperai le charme
Qui m'éloigne de la vie qu'il m'a donnée.
Oui, je quitte la vie en vérité
Et seul, l'Amour vrai, le Travail
Peuvent me ressusciter.

La grande dame

Elle est grande
C'est une dame
Elle demande
Tout
C'est une femme ?

Elle semble rire,
Elle ne fait que mentir.
Elle te regarde,
Sans te mettre en garde.

Elle observe, juge, ment ;
Elle fait mal aux enfants

La grande dame t'attends,
Dans les nuits les plus calmes et douces
Sans vent,
Tout à coup, c'est la secousse.

Elle fait trembler les fleurs
Et naître pour chacun sa terreur.

Et tu la regardes,
Et tu la trouves belle.
Aussi je te mets en garde,

Regarde bien en elle…

Observe ses yeux,
Défie ses jeux.
Affronte là,
Pour qu'enfin tout cesse là.

Je te le demande comme une prière,
Chasse là des terres,
Où règne encore le sacré,
Où subsiste encore la liberté.

La liberté,
Celle de la dignité.

Non la nuit il ne fait pas peur

Car tous les enfants du monde finissent par s'endormir
Sagement, sans se soucier de leur avenir.

La nuit, les étoiles transpirent
La lune et les étoiles délirent
Ensemble
Sur l'ombre grise qui tremble.

Tu peux avec elle,
Marcher, dormir,
Elle est belle
Et ne te laissera pas mourir.

Elle donne vie aux rêves,
Et se balade vers des pays
Sans guerre, où toutes les trêves
Sont inscrites sur des visages amis.

Alors...
Je peux dire je t'aime, sans peur.
Encore,
Non la nuit, il ne fait pas peur.

Les nuages et toi

Tu es bleu,
    Tu es nuage.
    Tu es le ciel pour deux,
Tu n'es pas sauvage.

Tu es ciel,
Tu es soleil.
Tu es miel,
Tu es abeilles.

Et je lève les yeux,
Vers toi tous les matins.
Mais je n'ai pas les yeux bleus,
Je n'ai que mes deux mains.

Pour aller vers toi.
Alors je lève les bras,
Et mon coeur s'allume,
C'est pourquoi je prends ma plume.

Pour aller vers toi,
Pour te parler tout bas.
Pour que tu m'entendes,
Et que je te fasse ma demande.

Ma demande de liberté,
Ma demande de fraternité,
Ma demande d'égalité,
Ma demande de paix.

Parce que tu es nuage
Parce que tu es présage :
Et souvent je rêve en bleu,
Parce que c'est la couleur
Des jours merveilleux.

Ils existent au fond des coquillages,
Ils te répètent les paroles des sages.
Ils sont à la mer, au ciel
Ils sont à la nuit stellée.

Ils sont à moi,
Ils sont à toi.

Le cheval de la paix

Il a grandi dans des contrées
    Ignorées.
    Il a toutes les couleurs,
Il n'a pas de couleurs.

Il a les couleurs
Que ton coeur lui donne.
L'arc en ciel
Ne craint sa madone.

Cheval femme,
Cheval madone.
Ce cheval a une âme,
Elle est si bonne,
Que rien ne la blesse,
Et tu peux lui faire des caresses.

Elle accepte tout,
Elle n'a peur de rien.
Le cheval de la paix se tient debout
Lui et elle sont voisins…

Inséparables,
Indissociables.

Le cheval de la paix
Reste en liberté,
Et quoi que vous fassiez,
C'est l'éternité.

Leurs sourires

Pourquoi les gens ne sourient-ils plus ?
Pourquoi les gens ne se regardent plus ?
Ils n'ont plus de clarté au fond de leurs yeux,
Ils n'ont plus de silence au fond d'eux.

Voilà pourquoi j'ai mal,
Leurs inquiétudes deviennent banales,
Alors qu'il faudrait tout faire
Pour leur redonner la lumière.

Je voudrais être celle-là.
Mais que feront-ils de moi ?
Je voudrais leur faire croire à nouveau,
Les aider à reconnaître le beau :

Parmi la tourmente,
Il y a encore des gens qui chantent.
Mais dans cette fureur,
Les gens connaissent la peur.

Alors, le brin…,
Le joli brin
De mai, de folie.
Celui qui vient avec le printemps
Qui finalement choisit son temps.

Surmonter le temps,
Chevaucher le vent.
Et sourire... sourire
Même avant de partir.

Un sourire, un coeur tout chaud,
L'espoir d'un lendemain nouveau.

Voici la nourriture que tous attendent.
Mais ils ne sourient plus du tout
Alors c'est moi qui donne tout.
C'est simple, j'écoute ce qu'ils demandent.

Nous avons tous notre petite voix,
Nous avons tous les mêmes droits.
Ne pas faire mal,
Ne pas se faire mal.

Tu n'as pas de chaussure pour l'hiver,
Je te donnerai la pantoufle de vair.
Tu n'as pas de douce voix,
Pour rêver quand le soir est là.
Je demanderai aux étoiles de la nuit
De dévoiler leur mélodie.

Un poète, ça n'a mal,
Que si l'on asséche la vie.

Leurs sourires
Leurs regards.
Mais que trouvent-ils dans mon sourire ?
Mais que trouvent-ils dans mon regard ?

Suis-je assez forte,
Pour pousser les portes ?
Et n'entendre que le silence,
Et attendre la chance.

De pouvoir
Toujours y croire.

Les seigneurs de notre monde

Ils ont le pouvoir du néant,
    Ils s'enchaînent dans le vent.
    Ils n'ont pour seule force,
Que de briser l'écorce,

Des petits, des arbrisseaux
Des tendres et doux oiseaux.
Ils tuent les biches dans les forêts
Et ils laissent les enfants pleurer.

Les seigneurs de notre monde,
N'entendent que les vagues qui grondent.
Les anges ne leur parlent plus,
Les petites ailes ne les frôlent plus.

Ils vivent une vie en décalage,
Avec la vraie vie.
Mais hélas, ce qui est grave
C'est qu'ils ont envie…
De tout,
Des fous

Qui prennent sans demander,
Et qui foulent du pied.
Une terre qui souffre,

Et en font un gouffre.

Les véritables seigneurs de notre monde,
Ont de leurs visages : sourires qui inondent.
Quand ils te parlent, ils regardent d'abord tes yeux
Puis, doucement ils animent en nous un nouveau feu.

Enfin, ils respectent l'âme de chacun.
Ce sont les seigneurs du matin.
Enfin, ils protégent l'espoir.
Ce sont les seigneurs du soir.

Mais, tels des papillons
Ils viennent et s'en vont.

Aussi, si tu as la chance d'en croiser un,
N'oublie pas de lui sourire
Pour que ce matin,
Naisse un nouvel empire.

Le feu

Il fait vivre, mais peut tuer.
Il est chaud, mais peut bruler.

Il peut naître partout, grâce à son ami le bois.
Il est libre, et ne connaît aucune loi.

Il existe depuis des milliers de génération,
Foudroyant,
Exaltant,
transcendant,
Fais en ton compagnon.

Il te bercera dans les nuits froides et solitaires
Il fera de toi, le détenteur
D'une nuit à nouveau claire,
Et de la nuit donnera la lueur.

Le feu a le pouvoir,
Et raconte des histoires ;
Qui remontent à fort longtemps
A ce temps d'avant.

En fait, on ignore sa première fois.
Alors on dit, qu'il a toujours été là.

Il a tout connu :
L'obscurité
Et la clarté,
Il a tout connu.

Il fait peur,
Il apporte lueur.
Les animaux le fuient,
Les hommes le défient :

Ils l'enferment dans des boîtes.
Et lui donnent le nom d'énergie.
Mais ce ne sont que des boîtes
Et ils oublient
L'essentiel :
La flamme est belle :
C'est la vie.

La question que je pose
Au chaos
Est, d'où vient le feu ?

La réponse

Il n'y a pas une réponse,
    Il y a une multitude de réponses.
    Il y a ceux qui pensent que les arbres peuvent pleurer,
Il y a ceux qui pensent que les fleurs peuvent chanter.

Et ceux qui n'y croient pas
Et puis, il y a toi
Et moi.

Et puis il y a le tumulte
Et le calme, qui résonne.
Les grands châteaux avec leurs catapultes
Et les chants qui résonnent.

Tous portent en eux une petite part de réponse,
Mais la réponse est dans le tout.
Comme le vent qui s'enfonce
Et fait frémir la tour des fous.

Les fous, connaîssent la réponse,
Mais personne ne les écoute.
Alors quand saura-t'on la réponse ?
Qui les mettra sur notre route ?

Car il faut savoir distinguer

Ce qui peut être faux dans le vrai.
Eviter les écueils, les rochers,
Les sirènes et leurs paroles enchantées.

C'est pourquoi j'aimerai connaître
La langue des fous,
C'est pourquoi j'aimerai être
Sans peur devant les fous :

Les regarder,
Leur parler,
Les écouter,
Pour les aimer.

Mais que c'est dur de chasser sa peur,
Et de faire abstraction de son coeur.
Pour justement les remercier
D'avoir su garder
La réponse.

La tranquillité

Elle est là assise au bord de l'eau,
    Elle ne voit que l'horizon;
    Et son regard est bon,
Er son coeur est beau.

Elle parle tous les langages,
Elle connaît tous les rivages,
Elle est partout,
Elle fait partie du grand tout.

Elle est là,
Pour chacun.
Et c'est à toi
De faire le pas.

Qui mène, aux rives de son sourire,
Et c'est à toi de savoir partir.
Quand tu sens qu'elle se cache
Pour ne pas que tu t'attaches.

Car la tranquillité peut s'effacer
De ta vue,
Comme un diamant brisé,
Ou perdu.

Elle se donne,
A ceux qui savent la regarder.
Elle pardonne
Et revient dans la joie et la gaieté.

La tranquillité est un cadeau
Qui s'en va et revient.
Comme une goutte d'eau,
Premier printemps.

Elle t'enlasse dans une poussière
De lumière.
Elle te caresse
Dans un chemin de tendresse.

Elle joue avec tes peurs,
Elle danse avec tes douleurs.
Pour tout chasser
Pour tout remuer.

Elle éloigne le désarroi,
Elle rend et prend foi.
Elle te guide vers un nouvel horizon,
Sans même te demander ton prénom.

Elle est universelle

Elle ne connaît aucun duel.

Elle est lisse,
Comme une eau qui glisse.
Elle ralentit ce coeur
Qui tremble de peur.

Sans le déclarer,
Elle redonne courage et vacuité.

Alors, enfin le calme revient.
Sans saison, sans matin.
Maintenant.

Le chemin bleu

Il traverse toute la forêt,
    Il est plein d'oiseaux en liberté,
    Il refléte le ciel à l'ombre de ses pierres.
Il chante et dessine la lumière,
Sur ses arbres, sur ses fleurs,
Le chemin bleu capte chacune des lueurs,

Que le soleil parsème ici et là.
Etoilées de feu et de joie,
Le chemin bleu
Est simplement heureux.

Il connaît les amoureux en balade,
Et invente pour eux, chaque jour de nouvelles aubades.
Il connaît les endroits secrets
Où se cachent les petites fées.

Le chemin bleu te guide là où tes pas
S'envolent dans leurs rêves intimes
Et tu sais que tu reviendras
Parce que même la lumière infime

Pénètre ta vie secrète
Et doucement répète,
A l'unisson que ce chemin,

Change tous les matins.

Si bien que ta vie,
Est celle que je veux aussi.

Fragile

Les chiens se déchaînent sur elle,
    Elle se défend avec ses dentelles.
    Ce combat de marionnettes n'est pas un jeu
Il y a de la souffrance, de la glace et du feu.

Si au moins on la laissait parler,
Qu'ils se trompent, elle dirait.
Non, elle n'est pas folle,
Elle cherche une vie plus drôle.

Une vie avec des couleurs et des sourires,
Car elle a vu trop de vampires.
Une vie avec des couleurs et des chants,
Car elle a vu trop de déments.

Elle cherche et en même temps,
Elle se bat.
Elle voudrait bien rester enfant,
Mais elle doit :

Tout comprendre et tolérer,
Souffrir dans un silence
Que seules les nuits viennent apaiser,
Alors elle choisit ses silences.

Elle aimerait bien
Que quelqu'un lui prenne la main
Et l'emmène sur un autre chemin.

Elle cherche à comprendre
Et elle cherche un geste tendre.
Elle est en quête
D'un jour de fête.

Elle aimerait avoir dans les yeux,
Des lumières et des images
Encore plus bleu
Que le ciel bleu.

Elle aimerait entendre des voix sans mensonges
Pour à nouveau parler en souriant.
Elle aimerait à nouveau faire des songes,
Où ces rêves seraient simples et transparents.

Fragile dans ses combats,
Fragile dans sa quête.
Si un jour tu la vois
Dis lui quelle est ta quête.

Ainsi main dans la main
Ce matin – là,

Sera
Un nouveau chemin.

Ma muse

Elle est séductrice du soleil,
    Elle n'aime que les merveilles.
    Pourtant, je lui dis :
Regarde, regarde la vie.

Ne vois-tu pas les orages ?,
Et ceux qui cherchent
Les mauvais présages ?
Rimbaud avait réussi cette tâche
Et il en avait fait sa route, derrière ses cheveux blonds.

Ma muse, elle regarde le cinquième horizon.
Alors elle voit l'océan, les étoiles
Les parfums et les pays sans noms.
Alors elle dessine sur la toile :
Du fond de mes yeux
Et ne veut me laisser qu'un coeur heureux.

Ma muse est douce et fidèle,
Présente où que je sois.
Ma muse est tendre et belle
Et ne me laisse jamais dans le désarroi.

Pourquoi m'a-t'elle choisie ?
Parce que mon coeur est ouvert.

Ouvert aux jours et aux nuits.
Elle veut que je danse dans la lumière.

Avec elle…
Oui, ma muse voudrait
Que je sois toujours avec elle :
Elle me rend gaie.

Ainsi pour la remercier,
Je cherche les mots bleutés.
Je lui tends le piano de mon âme,
Et sur le simple solfège
Des percussions de mon drame,
Elle devient chant et rêve.

Alors je la prends doucement,
Je lui dis que je l'aime
Et j'écris son poème.
Avec mes plus profonds remerciements.

Si tu la vois

Il est certain que tu seras ébloui,
 Et que tu deviendras son ami.

D'ailleurs tu n'as pas besoin de la chercher,
Elle est là, juste à tes côtés.
C'est si simple, et pourtant si difficile…
L'amour venant d'elle, se distille.

Il devient fougueux,
Il devient passion.
Liquide onduleux,
Qui donne des frissons.

Il peut rendre furieux, mais toujours calme
Il caresse le vent et fait frissonner les palmes,
Du jardin oriental sucré et épicé
De sa peau suave et sucrée.

Si tu la vois,
Dis-lui depuis combien de temps
Tu l'attends
Et elle te suivra.

Parce qu'elle aura compris
Que tu es bon et ami,

De sa clarté, de ses rires
Et de ses sourires.

Elle rit comme des éclats de lumière,
Elle parle dans le grelot des fontaines.
Les oiseaux transportent sa prière
Dans les forêts les plus lointaines.

Alors l'amour se répand
Et les forêts deviennent diamants.
Dont tu es le seul à percevoir l'éclat,
Et qui réfléchit l'antre de tes désirs.
Elle fuit la mort aux abois,
Elle n'est que joie et plaisir.

Pour mon amie Hélène,

Le souvenir est une fleur
    Qui a toujours de l'eau à boire
    Et dont les parfums appellent le bonheur.
Il n'attend que toi pour le voir.
Le souvenir aussi c'est la fleur
Que tu alimentes à toute heure,
Avec la joie et la paix.

L'homme oiseau

C'est d'abord un homme heureux,
C'est surtout un homme libre et qui parcourt le ciel
De tout, il est curieux
Sa vie est belle :

Il ne cherche rien, il a tout.
Il connaît le monde du dessus
Et le monde du dessous.
Il vit sur terre et dans les nues.

Il sait chanter
Il sait parler ;
Comment ne pas l'aimer ?
Comment ne pas le jalouser ?

Il est la preuve que la liberté existe,
Il est le seul homme-oiseau.
Alors parfois il s'ennuie un peu trop,
Mais les vents l'aident, alors il résiste.

Ce qui est merveilleux,
Ce qui le rend heureux :
C'est qu'il est l'ami de certains hommes
Et de certains oiseaux.

Il a vu Eve croquer la pomme,
Il a vu le serpent, premier héros.

Car premier drame,
Il a pleuré pour cette femme.
Et depuis le ciel,
Il a vu Canaan la belle.

Il a vu le déluge, et appeler …
La colombe aux oliviers.
Il a entendu les cris se noyer,
Et l'océan s'en aller.
Douceur et violence
L'homme-oiseau fit preuve de vigilance.

Et il décida
Et il demanda
De devenir l'oeuil de l'Eternel,
De la terre au ciel.

Alors chaque arbre lui appartient
Il est libre et riche d'une autre richesse
Avec le soleil du matin,
Il va et toujours sans tristesse.

Il est l'homme-oiseau

Enseignant d'Icare,
Libre au-dessus des flots
Il a le clair regard

De ceux qui tous les jours
Visitent le soleil,
De ceux qui toutes les nuits
Visitent la lune.

Amour
Merveille
Folie
Dune.

Il connaît les océans,
Il connaît les déserts au sable blanc.

L'homme oiseau,
C'est aussi l'homme des vents
L'homme oiseau,
Fait rêver tous les enfants.

La solitude

C'est le mal qui
   N'a pas d'égal.
   Il trompe ses victimes
Il commet des crimes.

On fait tout pour la chasser,
Alors on cherche l'amitié
Ou rien qu'une douce voix
Qui dirait des mots que tu crois.

Le verre est vide, il n'y a plus de vin,
Alors, allons chercher du pain.
Mais la solitude revient toujours
Rien, pas le moindre amour.

Alors on apprend à s'aimer pour soi
On apprend ce rire qui vient de là :
Là : au coeur de son petit soleil
Qui lui reste toujours en éveil.

Finalement, la solitude n'existe pas
Il y a toujours une voix,
Celle de nos rêves les plus cachés,
Qui effacent la peur et les souvenirs enfouis, secrets.

La solitude atteint tous les êtres vivants
Elle est une épreuve, dont on se défend.
Enfin, la victoire arrive
La solitude a pris la dérive.

Aussi lorsque tu te crois seul,
Dis-toi que ce n'est qu'un instant
Et la solitude ferme sa gueule
Et ne devient qu'un moment.

Finies les soumissions aux moindres sourires
Car arrive bien vite, la lumière du plaisir.
Et la douceur de vivre réapparaît,
Comme un premier soleil d'été.

Tu te crois seul, ne t'inquiète pas :
Ce n'est que du vent
Et même si tu as froid
Tu possèdes le temps.

Et tu peux connaître tous les chemins
Vers la liberté,
La solitude n'a pas de mains ;
Elle ne peut t'emprisonner.

La solitude ça n'existe pas,

Il y a toujours de l'ouvrage,
Des millions d'orages,
A chasser loin de toi.

La dignité c'est justement
Apprendre à faire taire le vent.

La révélation

Un jour l'on découvre la méchanceté,
    Alors qu'on l'ignorait.
    Un autre jour l'on découvre la bonté,
Dans une âme que l'on méconnaîssait.

C'est une fleur qui jaillit
Alors qu'on ne l'attendait pas :
Elle s'appelle vérité ou loi
Car toujours elle paraît ici ou là.

C'est un cadeau du ciel,
De découvrir cette très belle
Vision portée par l'Eternel.

Une fois la révélation offerte,
La route reste ouverte,
Pour de nouvelles interrogations.
Connaître Sa force et Sa passion.

Face à ce surgissement divin.
Le chemin intérieur devient
A la fois une escapade
Et à la fois une balade.

Il s'agit de forger son âme

Et de devenir Femme.

Qu'est-ce qu'un être humain ?
La promesse d'un matin.
La victoire d'une pensée,
La recherche de la Vérité.

Cette vérité, cette révélation
Est une épreuve de lions
Elle peut être déchirante,
Elle peut être bouleversante :

Elle apporte l'inconnu,
Et avec la fragilité
Mais aussi la Force à l'état nue,
C'est une de nos beautés ;

C'est aussi un mystère
Qui est comme une trouvaille dans une forêt.
Cela devient une prière :
La révélation de la Vérité.

Celle qui vient du bon côté de la montagne
Une vérité née dans la campagne.
Près du bon côté de la nature
Une vérité qui ne fait pas mal et qui dure.

Elle apaise la violence
Elle donne à chaque fois une chance.
Il suffit d'écouter : non son coeur
Mais la voix de l'autre coeur.

On peut découvrir des richesses
Mais aussi des bassesses,
Qui ne sont que des souffrances
Qu'il ne faut pas laisser dans le silence.

C'est cela aussi la Vérité
Montrer à l'autre, sa Vérité
Au-delà de la douleur
Au-delà de l'espoir ou de la terreur.

Savoir que où que l'on soit
Quoique l'on fasse,
La vérité est toujours là,
Et découvre sa face.

Le silence ou la parole

Je me tais quand tu pleures,
    Je pleure avec toi.
    Ce sont de l'amour, les premières lueurs.
Après je parle avec toi.

Et je découvre le fond de ton âme,
Tous ceux que tu as connu les drames.
Alors j'ai mal pour toi,
Mais tu refuses que l'on s'approche de toi.

Le silence que je te donne
Veut que je te pardonne,
Moi je veux du bruit
Des mots, de la vie !

J'ai eu tout cela, mais cela s'est envolé
Avec le soleil massif de l'été,
Et ta peur de souffrir
Souffrir presque à mourir…

Tu as aimé
Je t'ai aimé
Vaut-il mieux se taire ou en parler ?

La souffrance

Ne doit pas rester silence
Alors je te le dis,
avec les maux de ma vie :
Tu m'as fait mal
Et tu le sais du côté de l'aval.

Ta voix est un chant
Et ton courage grand.
Mais plus assez
Pour aimer.

Le cristal de l'amour a explosé
Et tu ne sais où le retrouver.

Tu l'as cherché dans mes yeux
Et tu l'as trouvé, la suite est un mystère.
Peut-être un jour les prières
S'accorderont près de nos voeux :

Nous qui avons tant souffert de l'amour
Et je l'attends ce jour
Où ni toi
Ni moi
N'auront peur
D'entendre battre nos coeurs :

Percussions intimes de l'amour,
Elles tambourinent le jour,
et scandent les nuits
D'une douce frénésie.

C'est la musique du premier partage,
C'est le prélude aux autres ballades.
Je peux lire sur ton visage,
Les pages de notre livre, qui se baladent.

Tu portes en toi les fruits de la passion,
Tu portes en toi le refrain des plus belles chansons :
Ta parole, mes silences,
Ma parole, tes silences.

Mais à chaque fois que tes bras me serrent,
Tu prends peur et le fil de l'air.

Alors moi ?
Silence ou parole :
Quelques paroles d'éclat,
Quelques silences qui frôlent,
Ces baisers où nous nous disions tout :
Ni parole, ni silence,
Avec notre vague qui avance.

Cette vague venue de ton océan
Et qui atteint la plage de mes dix-sept ans :
On a toujours dix sept ans quand on aime
J'ai dix sept ans et tu sèmes.

Les passages d'une très belle vie.
Ne pas en demander plus,
Laisser la bougie
Celle qui nous unit :

Brûler doucement dans la lumière
Et parfois s'envoler dans les éclairs.

Vivant

Je suis un être humain
    Je suis un être vivant.
    Je me sers de mes deux mains,
J'écoute mon coeur palpitant.
J'entends, je sens et je vois,
Je partage ma vie avec Toi
Et Toi,
Que je ne connais pas.

Par mes mains, je fraternise
Et je sens la longue bise
Qui peut te faire si mal quand tu es seul
Ou à moi, qui peut aussi être seule.

Par mon coeur,
J'entends ta peur,
Et je transpire
De plaisir.
Toi aussi tu peux rire
Toi aussi, tu peux souffrir
Mon coeur mesure
La force de ton armure
Et par mon coeur, je comprends
Ces formidables sentiments
Qui façonnent le vivant.

Mon coeur se veut partage,
Avec des fleurs et des mariages
Des unions
Des floraisons.
Par mon regard,
Tel un chat, je perçois dans le noir
Ces étoiles qui brillent, tel de la lune le miroir.
Et qui dans une immense magie
Divulguent aux hommes l'espoir.
Pour te rejoindre, je parcourre la nuit.
Je vois d'immenses océans
Je vois des milliers d'enfants,
Je vois des terres encore vierges
Qui résistent et émergent.
Par mon regard,
Je te perçois certains soirs
Et je discerne tes larmes cachées
Et je me réjouis de tes sourires volés.
Par mon regard, je brille en toi,
Tu reçois ma lumière spontanément,
Tu l'acceptes et la gardes comme un diamant
Où par l'amour brille mon éclat,
Et devient par la-même ton éclat.

Je suis vivant
Et j'espère mériter le nom d'humain,
Je suis vivant
Quand vers toi, je tends les mains
Quand je serre les poings.
Surtout, je suis vivant
Quand tu m'écoutes dans la nuit.
Je ne suis pas mort, je réponds présent
Je suis là, ancrée dans la vie.

Et je vogue aux soleils de mille feux
Et je n'ai pas peur des jeux
Des maladresses humaines.
J'ai peur de toutes ces haines.

Qui désolent l'univers
Je suis un être vivant,
Je suis un être de la terre,
Je suis un enfant
Un grand enfant…

Qui sait encore rire
Et pleurer sans le dire.

Je suis un être humain
Et je choisis mon chemin :

J'espère aller vers le bien.
Je suis un être humain
Et je respecte les commandements divins.

Commandements divins ou cosmiques,
Pour l'enfant tout est magique.
Et je prie pour la paix
Dans ce monde où, je suis née.
J'ai ouvert les yeux,
Et j'ai vu le feu
Des guerres.
Alors, j'ai appris
Les prières,
Pour protéger la vie.

Car oui
J'aime la vie :
Avec ses combats
Et ses repos.

Pour toi, pour moi
Pour chaque jour nouveau.

Je suis vivante
Et j'ai la faculté de créer,
J'écris, je chante.

Imagination en liberté !

Car là est la nature de l'être humain,
Pensée, Imagination.
J'ai dessiné ma main
Sur les grottes de ma première maison.

Et cela fut bon.

A mon lecteur

Je vous remercie,
De m'écouter écrire.

Je vous remercie,
De m'écouter sourire.

Je ne peux deviner vos pensées
J'écris pour guérir et oublier.

Vous êtes ma boîte à secrets ;
Oui, à secrets.

Je vous livre mes armes et mes espoirs
Mes jours bleus et mes nuits noires.

Et je l'avoue
Je ne peux vivre sans vous.

Vous êtes mes amis, mes amants
Vous êtes ma clarté, mon enfant.

J'écris moi
Et vous devenez moi ;
En me lisant
Saurais-je un jour

Ce qui m'attends
De vous en retour ?

Je vous aime plus que vous ne l'imaginez
J'écris dans un infini secret.
Je vous écris
Mes amis…

Puis-je le dire encore demain ?

Le travail

Il est nécessaire et fille de fourmi
    Il est difficile à concquérir
    Il peut sauver des vies
Ou faire mourir.

Qu'est ce que le travail ?
La pensée, les traces
L'effort et ses batailles.
Seules les nuits effacent

Cette fatigue qui a chauffé l'esprit.
Je travaille pour ma vie
Mon équilibre, mon énergie.
Je travaille et je suis libre
Ma vie me veut libre.

Mais ce travail nécessitent l'inspiration,
Et mérite chaque instant l'attention.
Il y a une part
De dérisoire,
Parfois l'inspiration se fait rare.

C'est la plus grande tristesse,
La plus grande douleur.
Elle met mon âme en détresse

Et fleurir mon coeur
D'un désir de créer.

Alors je me lance
Toute plume ouverte
Et je tente ma chance
Vers une écriture ouverte.

Ouverte à l'autre
Pour partager
Ouverte à l'autre
Pour te donner.

Le fruit de mon travail, qui n'est qu'imagination
Pensée
Liberté
Et amour.

Pardon d'avoir attiré votre attention.

Le rêve

Comme il est doux de rêver
Comme il est bon de rêver.
Lorsque les étoiles remplissent les cieux,
Elles remplissent à la fois mes yeux.

Comme il est bon de fermer les yeux dans le silence
Et d'entendre à nouveau les clochettes de l'enfance.
Mais il n'y a pas que le rêve de la nuit,
Il y a le rêve du jour et de la vie.

Le rêve a comme petite soeur l'espoir
Ils se promènent ensemble tous les soirs
Ils se serrent les bras dans le jour.
En gros c'est une histoire d'amour.

Donc le rêve et l'espoir sont amour
Qui peut détruire cette force ?
La haine essaie bien chaque jour
De frayer un chemin, à travers l'écorce.

Mais cette écorce est faite d'une fibre divine
Que rien ne peut même toucher ses racines.
Alors elle s'énerve et sème la fureur,
Mais l'amour ne prend pas peur.
Comme il est fort ce rêve

Qui est en nous,
Comme il est doux ce rêve qui est partout.

Regarde : la Nature qui est encore si belle
L'Amour est là.
Le plus beau rêve est de la préserver ;
Le combat remonte à l'antiquité :
La haine était déjà là
Ce rêve est de la rendre irréelle.
Comme il est doux de rêver
De fermer ses yeux
Et de se laisser conter
Et de percevoir le doux feu,

Qui anime les nuits
Et enveloppe ta vie
D'un satin
Qui frôle le matin.

Je rêve,
Je rêve et le jour et la nuit.
Je rêve de ma vie.
Et tous ces rêves se lèvent vers toi et ton rêve.
Oui, je te parle la nuit quand tu dors
Et c'est comme cela que je m'endors.
Tu es mon plus beau rêve.

Table des matières.

La pluie si longue	7
Quand la pluie se fait vie	10
Chez Natacha à Palma	13
Bucéphale	15
Soleil levant (de mon père)	16
La haine	17
La pierre	19
Près de sa montagne	21
Le vent sur la mer	22
Pourquoi partir ?	24
Mon père	26
La grande dame	28
Non la nuit il ne fait pas peur	30
Les nuages et toi	31
Le cheval de la paix	33
Leurs sourires	35
Les seigneurs de notre monde	38
Le feu	40
La réponse	42
La tranquillité	44
Le chemin bleu	47
Fragile	49
Ma muse	52
Si tu la vois	54
Pour mon amie Hélène,	56
L'homme oiseau	57
La solitude	60
La révélation	63
Le silence ou la parole	66
Vivant	70
A mon lecteur	75
Le travail	77
Le rêve	79